EmmeEmmePo
Edizioni

DATO IN STAMPA NEL MESE DI APRILE DELL'ANNO 2018
da EmmeEmmePo Edizioni

Presso:
lulu.com
Regno Unito - 3101 Hillsborough St.
Raleigh, NC 27606-5436, Stati Uniti – P. I. 975 0935 85
Francia – Chez Fiscal Solutions Sarl 23
Rue du Clos d'Orleans 94 120
Fontenay sous Bois – P. I. FR90524670213
Italia – Lulu Enterprises, Inc.
Fiscalmente rappresentata conformemente all'art.17 comma 3 DPR 633/72
da KPMG Fides Servizi di Amministrazione Spa, Via Vittor Pisani, 27 –
20124 Milano – P. I. IT07301070962

http://www.lulu.com/spotlight/EmmeEmmePo

EmmeEmmePo
Edizioni

Foto della prima di copertina: Serigrafia di Giovanni Silvestri 2005

Maria Cristina BIGI

Roberto SBRANA

STRANIERI IN CARCERE E PROSELITISMO

una Ricerca qualitativa

EmmeEmmePo
Edizioni

Indice

EmmeEmmePo
Edizioni

Introduzione

Quando si svolge un lavoro particolare come quello di direzione di un Istituto penitenziario, ci si pone inevitabilmente una serie di quesiti che spesso non hanno risposte.

Negli Istituti italiani, ormai da molto tempo, soprattutto del Nord Italia, vi sono molte persone straniere, in particolare persone provenienti dall'area del Nord Africa.

Negli anni si è proceduto, tramite lo strumento delle Circolari Dipartimentali, ad adeguare vari settori della vita penitenziaria alle esigenze culturali e religiose e nonché di costume di tali utenti, in modo da facilitarne la convivenza.

Per questo, il nostro lavoro mira a svolgere una attività di ricerca qualitativa, partendo da un piccolo punto di osservazione quale può essere quello di un Istituto Penitenziario del Nord Italia, caratterizzato dalla presenza di un numero elevato di detenuti stranieri.

Con il Dott. Roberto Sbrana (esperto ex art. 80 O.P.), si è tentato di capire, senza alcuna presunzione di esaustività, come tali soggetti vivano la detenzione, quali potrebbero essere le loro aspettative, soprattutto in vista del rientro nella società a fine pena, tenuto conto del fatto che molti di loro non sono stabilmente inseriti nel territorio ove scontano la condanna e, tenuto conto altresì, del fatto che, ciascuno di loro è portatore di un vissuto, umano e culturale diverso dal nostro.

Si ritiene che un lavoro di questo tipo possa anche aiutare a capire e dare ulteriori elementi di lettura di alcuni fenomeni di radicalizzazione religiosa ed il perché proprio il carcere si presti a diventare "terreno fertile" di una *escalation* criminale, partendo spesso da posizioni di scarsa pericolosità sociale.

Il tema è stato affrontato in questo modo:

1) In primo luogo è stata formulata una ipotesi su come i detenuti stranieri vivono la carcerazione, che tipo di scompensi psicologici la stessa produce. Tale "fotografia" è stata posta in relazione con le risultanze delle statistiche nazionali sulla commissione dei reati. Si è cercato cioè di illustrare la relazione esistente tra ciò che emerge dai dati nazionali sulla tipologia di reati più di frequente commessi dai detenuti stranieri, e le caratteristiche degli autori di tali reati;

2) Segue l'analisi dei questionari anonimi che sono stati sottoposti alla popolazione detenuta straniera all'interno dell'Istituto in particolare di nazionalità araba. Trattasi di questionari volti a sondare prevalentemente le aspettative di tale fascia di popolazione detenuta e verificare quanto queste rispondano alla realtà;

3) Le risultanze dei questionari sono state poi poste in relazione con alcune caratteristiche importanti della religione islamica, intesa come substrato culturale dell'individuo, per leggere meglio alcuni fenomeni che accadono all'interno degli Istituti;

4) Infine abbiamo proposto alcuni possibili ipotesi progettuali per facilitare l'integrazione all'interno degli istituti e, altresì, aspetto più importante, all'esterno.

Chi sono i detenuti stranieri negli istituti penitenziari

Lavorando all'interno di un Istituto penitenziario si hanno contatti continui con l'utenza.

Le sensazioni che danno la maggior parte dei detenuti stranieri di nazionalità araba sono di difficile lettura. Si possono cioè individuare diverse tipologie di persone: alcuni sembrano assolutamente inseriti nel contesto penitenziario, ma solo in esso. Dai colloqui, infatti, emerge l'assoluta emarginazione all'esterno. Sono privi di contatti con familiari, di legami con il territorio e privi di una realtà lavorativa di riferimento.

Altri, hanno, invece, all'esterno un contesto familiare, spesso sono coniugati con persone di nazionalità italiana, hanno figli e abbastanza radicati sul territorio. Hanno esperienze lavorative anche durature, intervallate da lunghe o medie carcerazioni.

Infine altri sono affetti da gravi disturbi, anche di tipo psichiatrico e sono assolutamente sconosciuti al territorio; vengono, infatti, presi in carico dalle ASL competenti solo a seguito dell'ingresso in carcere, sono assolutamente privi di riferimenti sociali e lavorativi. Chiaramente tali caratteristiche si modificano, si accentuano o si riducono soprattutto in considerazione della età anagrafica e delle possibilità economiche.

I reati per cui nella maggior parte dei casi sono in carcere sono legati al traffico delle sostanze stupefacenti ed ai reati contro il patrimonio.

Da questa brevissima descrizione si può facilmente dedurre che, la situazione attuale degli stranieri, in particolare di quelli di nazionalità araba, malgrado il nostro Paese abbia alle spalle un periodo ormai medio - lungo caratterizzato da fenomeni di immigrazione, è ancora molto precaria.

Spesso si ha la sensazione che il periodo di tempo trascorso nelle carceri italiane abbia l'unico fine di interrompere delle attività criminose, senza modificare altri aspetti importanti della vita dell'individuo e che in qualche modo rappresenti il primo momento di "uscita" dall'anonimato.

Durante i colloqui con gli operatori, tali utenti si limitano, nella maggior parte dei casi, a richiedere benefici, attività lavorative, senza che si traducano in occasioni per raccontare sé stessi.

Sotto questo profilo ancora più sconcertanti sono gli individui più giovani. Su tali soggetti ancora di più la carcerazione produce effetti devastanti; tali utenti danno la sensazione di essere persone la cui identità si sia completamente "frammentata" tra l'adesione a stili di vita che non appartengono al loro vissuto, la devianza e l'assenza di un sistema esterno al "sé" di riferimento.

La nostra ipotesi di ricerca è che la difficoltà dei detenuti stranieri di nazionalità araba, in particolare dei più giovani, di inserirsi all'interno della collettività, sia analoga a quella di un qualsiasi soggetto deviante della medesima età, con l'unica differenza, di avere un "doppio binario" di vissuto e di lettura della realtà ove si mescolano elementi del passato ed elementi contemporanei in una difficile sintesi.

Pertanto se l'azione risocializzante dell'esecuzione penale vuole produrre qualche effetto, sarebbe necessario trovare un modo per entrare in relazione con queste "parti" dell'individuo, conoscere il *background* di chi si ha di fronte e cercare di sottoporre all'utente un sistema di valori credibile che consenta alla persona di poter dare alla propria esistenza "un significato".

Può sembrare banale ciò che si sta fotografando, ma in realtà l'assenza di un sistema valoriale di riferimento, così come ha prodotto e sta producendo una crisi profonda nelle generazioni dei giovani italiani, allo stesso modo produce una profonda crisi in tali soggetti, sotto alcuni profili più esposti alla strumentalizzazione violenta da parte di altri.

Sulla base di quanto sopra detto, guardando le statistiche del Dipartimento dell'Amministrazione Penitenziaria, emerge chiaramente che gli autori di reato stranieri, sono per lo più autori di reati comuni: reati contro il patrimonio, reati legati al traffico di sostanze stupefacenti e reati contro la persona.

La tabella di seguito riportata riguarda infatti, i detenuti presenti in Italia al 31 Dicembre 2016, nel loro complesso. Se si estrapolano i dati riferiti agli stranieri, emerge chiaramente che le percentuali confermano quanto sopra evidenziato.

Detenuti presenti per tipologia di reato Situazione al 31 Dicembre 2016			
Detenuti Italiani + Stranieri			
Tipologia di reato	Donne	Uomini	Totale
Associazione di stampo mafioso (416bis)	140	6.827	**6.967**
TU Stupefacenti	722	17.980	**18.702**
Legge armi	125	9.819	**9.944**
Ordine Pubblico	99	2.905	**3.004**
Contro il Patrimonio	1.179	29.721	**30.900**
Prostituzione	82	642	**724**
Contro la Pubblica Amministrazione	180	7.227	**7.407**
Incolumità Pubblica	21	1.436	**1.457**
Fede Pubblica	206	4.297	**4.503**
Moralità Pubblica	1	125	**126**
Contro la Famiglia	67	2.127	**2.194**
Contro la Persona	725	21.162	**21.887**
Contro la Personalità dello Stato	14	118	**132**
Contro l'Amministrazione della Giustizia	286	6.087	**6.373**
Economia Pubblica	12	782	**794**
Contravvenzioni	77	3.792	**3.869**
TU Immigrazione (**)	56	1.741	**1.797**
Contro il sent.to e la pietà dei defunti	38	1.029	**1.067**
Altri reati	67	2.624	**2.691**

Detenuti Stranieri			
Tipologia di reato	Donne	Uomini	Totale
Associazione di stampo mafioso (416bis)	4	87	91
TU Stupefacenti	259	6.663	6.922
Legge armi	12	832	844
Ordine Pubblico	60	859	919
Contro il Patrimonio	413	8.194	8.607
Prostituzione	73	484	557
Contro la Pubblica Amministrazione	60	2.724	2.784
Incolumità Pubblica	4	140	144
Fede Pubblica	64	1.488	1.552
Moralità Pubblica	-	49	49
Contro la Famiglia	21	563	584
Contro la Persona	262	6.489	6.751
Contro la Personalità dello Stato	4	44	48
Contro l'Amministrazione della Giustizia	71	977	1.048
Economia Pubblica	1	13	14
Contravvenzioni	20	620	640
TU Immigrazione (**)	49	1.607	1.656
Contro il sent.to e la pietà dei defunti	8	95	103
Altri reati	9	168	177

Fonte: Dipartimento dell'Amministrazione Penitenziaria - Ufficio per lo sviluppo e la gestione del sistema informativo automatizzato - sezione statistica

Basta un breve confronto per far emergere che, se nella categoria dei reati di associazione di stampo mafioso (ex art. 416 bis), dei 6.967 reati commessi - da uomini e donne - sul territorio dello Stato Italiano nel 2016, solo 91 sono stati commessi da stranieri, nella categoria dei reati contro il patrimonio, invece, dei 30.900 reati commessi sul territorio dello Stato Italiano nel 2016, ben 8.607 sono stati commessi da stranieri. Percentuali analoghe si hanno per la violazione della c.d. Legge Stupefacenti e per la categoria dei reati contro la persona.

Questo dimostra che vi sono alcune categorie di reato più frequentemente commesse dagli stranieri rispetto ad altre. E può dirsi altresì che non si tratta di un caso, perché guardando alle tipologie prevalenti, si può sostenere che la scelta delinquenziale dipenda, prevalentemente, dai processi di disadattamento tipici degli immigrati; le difficoltà di ambientamento, la circostanza di entrare a far parte della società più marginale e la conseguente attivazione di percorsi di devianza, sono le tappe tipiche degli autori di reato stranieri e corrispondono alle percentuali sopra richiamate.

Anche i più recenti dati del Viminale confermano tale andamento. Nel periodo che va dal 1° Agosto 2016 al 31 Luglio 2017, il totale delle segnalazioni (riferite a persone denunciate /arrestate) è stato di 839.469. Di queste, ben 241.723 sono quelle che riguardano gli stranieri. Si tratta quindi del 28% delle segnalazioni. Di queste ultime, quelle più frequenti commesse da stranieri riguardano i furti con destrezza (55%), le estorsioni (45%) i furti nelle abitazioni (45%), le ricettazioni (41%).

La copiosa letteratura in merito alle cause del collegamento tra disadattamento e devianza, offre numerosi spunti da Autori che hanno dettagliatamente spiegato le relazioni tra tali fenomeni.

Senza alcuna pretesa di esaustività ad esempio Sellin[1] affermava che alcuni reati vengono commessi quando si genera un "conflitto tra norme sociali", quando cioè si verificano essenzialmente due tipi di conflitti: quelli primari, vale a dire quelli che nascono tra culture diverse e quelli secondari, cioè quelli che si sviluppano nell'ambito della medesima cultura[2].

---

[1] Johan Thorsten Sellin. - Sociologo statunitense d'origine svedese (Örnsköldsvik 1896 - Gilmanton, New Harpshire, 1994), prof. (1930-67) di sociologia nell'Università della Pensylvania, presidente (1956-66) della Società internazionale di criminologia. Si è occupato essenzialmente dei varî aspetti della criminalità e dei connessi problemi penali. Tra le sue opere: *Research memorandum on crime in the depression* (1937; 2ª ed. 1972); *Culture conflict and crime* (1938); *The criminality of youth* (1940); *The death penalty* (1959); *The measurement of delinquency* (in collab. con M. E. Wolfgang, 1964); *Slavery and the penal system* (1976); ha curato inoltre la pubblicazione dei volumi collettivi *Capital punishment* (1967) e *Delinquency: selected studies* (in collab. con M. E. Wolfgang, 1969).

[2] In tale ultimo caso si possono verificare almeno tre diverse ipotesi: 1) Quando codici diversi entrano in divergenza alla frontiera di zone di culture contigue; 2) Quando un gruppo ne conquista un altro e gli impone le proprie regole, 3) Quando i componenti di un gruppo emigrano in un altro che abbia norme di condotta diverse.

Allo stesso modo Travis HIRSCHI[3] (1969), formulò la "bonding theory" secondo cui solo i legami sociali riescono a bloccare e a contenere l'inclinazione naturale degli individui a violare le norme.

Una persona commetterà un reato quanto più debole è il vincolo che lo lega alla società.

I legami sociali si possono fotografare attraverso quattro elementi e basta che anche solo uno di questi si indebolisca, perché tutti progressivamente subiscano il medesimo indebolimento.

I quattro elementi di cui parla Hirschi sono: 1. Attaccamento: dimensione affettiva del legame; 2. Impegno: l'elemento materiale dell'attaccamento, il perseguimento degli obiettivi convenzionali e il successo raggiunto; 3. Coinvolgimento nelle attività convenzionali : l'elemento temporale del legame sociale; 4. Credenze: l'elemento morale del legame sociali.

---

[3] Travis Warner Hirschi (15 aprile 1935 - 2 gennaio 2017) è stato un sociologo americano e professore emerito di sociologia presso l'Università dell'Arizona. Ha contribuito a sviluppare la versione moderna della teoria del controllo sociale, del crimine e, in seguito la teoria di autocontrollo della criminalità.

E' evidente, allora, che, quanto più è debole il sistema di accoglienza degli stranieri nel mondo Occidentale tanto più si producono quelle condizioni "criminogene" per cui, saltando la maggior parte dei legami di cui parla Hirsci, diventa sicuramente più semplice rendersi autori dei reati sopra richiamati.

Le modalità di ingresso, la rappresentazione dello straniero da parte della collettività come di un individuo "per definizione" pericoloso, l'assenza di inserimenti lavorativi e quindi una conseguente esistenza basata su attività lavorative occasionali, sono le variabili per produrre una presenza, su un qualsiasi territorio, assolutamente "anomala" perché libera da quei vincoli di responsabilizzazione sociale che fungono da deterrente rispetto all'adozione di comportamenti criminali.

Teniamo poi conto della modifica strutturale della nostra società; essa infatti non è più in grado di produrre un sistema di valori laici di riferimento tali da "attrarre" il cittadino o comunque il residente. La globalizzazione ha infatti profondamente modificato la società. Bauman, fotografa la "società liquida" in modo illuminate e, nel farlo, individua le ragioni del perché la società della globalizzazione produca marginalità: l'individuo, per sentirsi parte della modernità ha bisogno di standardizzare i propri bisogni e quindi, i nuovi poveri, sono proprio quelli che non hanno i mezzi economici e sociali per rientrare nella categoria dei "consumatori"[4].

Questo allora il quadro di riferimento: una società post moderna, in cui lo straniero è già rappresentato come *"una entità" pericolosa*,[5] perché diverso, una società strutturata su bisogni indotti, in cui l'individuo, in quanto consumatore

---

[4] Bauman ha spiegato la *postmodernità* usando le metafore di modernità *liquida* e *solida*. Nei suoi libri egli sostiene che l'incertezza che attanaglia la società moderna deriva dalla trasformazione dei suoi protagonisti da produttori a consumatori. In particolare, egli lega tra loro concetti quali il **consumismo** e la creazione di rifiuti *umani* e l'*industria della paura*, lo smantellamento delle sicurezze e una vita *liquida* sempre più frenetica e costretta ad adeguarsi alle attitudini del *gruppo* per non sentirsi esclusa, e così via. L'esclusione sociale elaborata da Bauman non si basa più sull'estraneità al sistema produttivo o sul *non poter comprare l'essenziale*, ma sul *non poter comprare per sentirsi parte della modernità*. Secondo Bauman il *povero*, nella *vita liquida*, cerca di standardizzarsi agli schemi comuni, ma si sente frustrato se non riesce a sentirsi *come gli altri*, cioè non sentirsi accettato nel ruolo di consumatore. In tal modo, in una società che vive per il consumo, tutto si trasforma in merce, incluso l'essere umano.

[5] Vedi l'interazionismo simbolico

assume un ruolo, se e in funzione, di quanto può o è in grado di consumare.

In tale contesto, un soggetto marginale come il migrante, più facilmente riesce a entrare in relazione con la criminalità urbana e, conseguentemente diventare manovalanza per i reati sopra richiamati (piccolo spaccio, furti, estorsioni, minaccia, lesioni).

L'analisi dei casi

A questo punto occorre calarsi nella piccola realtà del contesto penitenziario dell'istituto e passare all'analisi dei casi.

Per dare un po' di dati, iniziamo con il fotografare la popolazione detenuta presente: alla fine del mese di Maggio 2017, la popolazione presente era di 121 detenuti e le aree con maggiore incidenza degli stranieri erano: *l'area slava* n. 32 persone (n. 18 Albania, n. 1 Ucraina, n.1 Bosnia, n. 3 Polonia, n. 7 Romania, n. 1 Montenegro, n. 1 Serbia), *l'area del Nord Africa* n. 56 persone (n. 9 Algeria, n. 2 Egitto, n. 27 Marocco, n. 1 Siria , n. 17 Tunisia), *l'area del Sudamerica* n.27 persone (n.1 Cile, n. 17 Repubblica Dominicana, n. 6 Ecuador, n. 1 Giamaica, n. 1 Perù n. 1 Venezuela), con poi alcune presenza *dell'Africa Centrale*, n.4 persone (n. 2 Nigeria, n. 1 Ruanda, n. 2 Senegal) ed alcune *dell'Europa Centrale* n. 2 (n. 1 Spagna, n. 1 Francia).

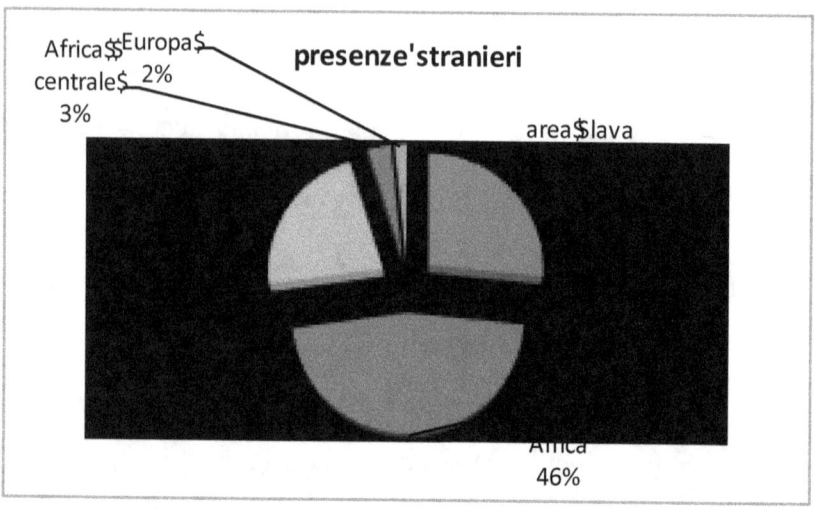

presenze'stranieri

Africa$$Europa$ 2%
centrale$ 3%

area$lava

Africa
46%

Di questi, come è facilmente desumibile dai dati, le nazionalità più presenti erano quella albanese (18 persone), quella marocchina (27 persone) e quella tunisina (17 persone). Tutte nazionalità a prevalente vocazione religiosa mussulmana. Proprio per questo, posto che lo spaccato dell'Istituto Penitenziario in cui si è svolta tale ricerca ricalca per lo più il dato nazionale, le risultanze del presente lavoro possono considerarsi attendibili.

Che cosa si è cercato di fare? Con l'ausilio di *un questionario* si è cercato di sondare quali siano le aspettative di tale utenza. Cosa ci si attende dopo il passaggio nelle carceri del nostro Paese? L'indagine sulle aspettative risulta importante perché le aspettative di un individuo, da un punto di vista psicologico e sociologico rappresentano una sorta di "proiezione" del sé.[6] Indagando le aspettative si può più facilmente individuare quale sia la proiezione di vita, la lettura della realtà, l'aderenza alla realtà e i valori che ad essa si collegano.

Sarà utile allora spiegare, sia pure brevemente, perché questa ricerca utilizza tale concetto anche introducendo alcuni importanti studi elaborati, in particolare dai sociologi.

---

[6] Le aspettative sono state oggetto di due campi di indagine. In particolare il concetto di "aspettativa" ha avuto un ruolo centrale in politica economica; si pensi a Keynes e alle teorie keynesiane per avere una idea dell'ampio uso di tale concetto in economia. Diverso è stato l'uso del concetto di aspettativa in sociologia: in modo diffuso tale concetto viene utilizzato da Weber che le riteneva importanti al fine di "definire il quadro dell'azione" dal momento che le aspettative riguardano il senso dell'agire altrui e sono necessarie per la comprensione dell'attore sociale (Weber, 1974). Anche Merton con "la profezia che si auto – adempie" sosteneva che "le definizioni pubbliche di una situazione (profezie e previsioni) diventano una parte integrante della situazione e così influiscono sugli sviluppi conseguenti" (Merton, 1959).

L'aspettativa di ruolo è un importante concetto che introduce in Sociologia Parsons[7].

Ai fini del lavoro qui svolto, sarà sufficiente dire che nel sistema di pensiero di tale Autore "il ruolo" è "la più significativa unità della struttura sociale". Essa implica "un insieme di aspettative complementari" che riguardano le azioni dell'attore e quelle degli altri con cui l'attore interagisce. L'aspetto importante ed innovativo colto da Parsons è che l'aspettativa di ruolo "ha a che fare con le motivazioni degli attori, con la definizione delle loro preferenze, con l'individuazione degli oggetti di gratificazione, (quindi) questa accezione di aspettativa implica una cognizione e un orientamento al futuro ..." (Parsons, Shils, 1954).

Il questionario che è stato sottoposto agli utenti ha essenzialmente la funzione di fotografare proprio le aspettative del soggetto per poi procedere a darne una valutazione e "tarare" possibili ipotesi di intervento.

---

[7] Talcott Parsons (Colorado Springs, 13 Dicembre 1902 – Monaco di Baviera 8 maggio 1979)

La struttura del questionario

Il Questionario è stato autoprodotto, e si componeva di 14 items, di cui 13 a risposta aperta ed uno solo a risposta chiusa.

Ovviamente anonimo, è stato somministrato a 50 detenuti stranieri ed è stato preceduto da una liberatoria di accettazione firmata dagli interessati: nessuno, pur potendolo fare senza alcuna conseguenza, si è rifiutato.

Il periodo di somministrazione è stato dal 13 giugno al 17 ottobre dell'anno 2017.

Il numero esiguo del campione non permette alcuna universalità dei risultati raccolti, ma fornisce un quadro di conoscenza di questi 50 detenuti stranieri su alcuni temi importanti.

I detenuti, individuati dagli elenchi dell'Ufficio Matricola, sono stati invitati a compilare il questionario a gruppi di 5, per ottimizzazione del tempo/lavoro e per ridurre al minimo le difficoltà di gestione delle persone intervistate.

Il primo aspetto che merita esser messo in evidenza è, senza dubbio alcuno, la grande collaborazione e solidarietà tra i partecipanti: quando qualcuno di loro aveva difficoltà di comprensione delle domande, c'è sempre stato chi lo ha aiutato a capire il senso dell'item e, quindi, ciò che veniva loro chiesto.

Mai nessuno ha cercato di sottovalutare o, peggio, mettere in ridicolo l'iniziativa, dimostrando serietà ed impegno al di là di ogni aspettativa.

La sensazione che si respirava durante la somministrazione del questionario era che l'essere fatti oggetto di un'iniziativa come questa andava a colmare quel senso di "tempo vuoto" che ogni detenzione purtroppo produce: le domande, come pure le risposte, percorrevano quello spazio di conoscenza individuale, di approfondimento delle peculiarità personali, delle diverse storie di vita che spesso un'istituzione come il carcere, con i suoi inevitabili processi di massificazione, "spalma" su tutti.

Il *team* di operatori addetti alla somministrazione era composto da tre persone: la presenza fissa era garantita dall'esperto dell'Osservazione e Trattamento dell' Istituto, coadiuvato in talune occasioni dal Direttore ed in altre dalla Collega Tirocinante.

Non si è presentato alcun problema.

Il materiale raccolto è stato elaborato dall'Esperto ed è giacente agli Atti della Casa Circondariale di La Spezia.

Al termine del presente lavoro è stato allegato il Modulo di Liberatoria fatto firmare ai partecipanti mentre qui di seguito si allega un *fac – simile* del questionario somministrato.

In che anno è nato?

In che anno è arrivato in Italia?

Da quale Paese è partito per arrivare in Italia?

Con quali mezzi ha fatto il viaggio?
(se più di uno, elencarli tutti)

Che idea si era fatto della situazione di vita italiana dal suo Paese d'origine:	• migliore di quella che ho trovato ☐ • esattamente quella che ho trovato ☐ • peggiore di quella che ho trovato

Quale lavoro vorrebbe fare in Italia, se potesse scegliere?

Quali cose desidera più di tutte?
(elencare in ordine di importanza)
1.
2.
3.

Secondo lei, cos'è importante avere per essere felici? (massimo 3 risposte)
1.
2.
3.

Cos' è, per lei, la fedeltà?

Cos' è, per lei, la lealtà?

Cosa pensa delle Istituzioni Italiane (Stato, Parlamento, Tribunali, eccetera ecc.)?

E di Internet, che cosa ne pensa?

Risultati del Questionario

I risultati della somministrazione del questionario hanno evidenziato elementi che non corrispondono agli "stereotipi" più comuni sul fenomeno criminale riferito agli stranieri.

I . Data di nascita

E' stato evidenziato in primo luogo la data di nascita.

Nati nel 1966=1 (2%), *Nati nel 1970*=2 (4%), *Nati nel 1974*=3 (6%), *Nati nel 1975*=2 (4%), *Nati nel 1978*=2 (4%), *Nati nel 1979*=3 (6%), *Nati nel 1980*=5 (10%), *Nati nel 1981*=3 (6%), *Nati nel 1982*=2 (4%), *Nati nel 1983*=6 (12%), *Nati nel 1985*=4 (8%), *Nati nel 1986*=7 (14%), *Nati nel 1987*=6 (12%), *Nati nel 1992*=2 (4%), *Nati nel 1994*=2 (4%).

L'anno di nascita più rappresentato del campione osservato è il 1986 (14%): persone che oggi hanno 32 anni. Detenuti, quindi, giovani, che nella breve vita vissuta hanno già fatto i conti con l'immigrazione e tutte le problematicità conseguenti, che hanno quasi sempre lasciato la loro terra d'origine, i loro affetti, le loro famiglie, le loro abitudini e che sono emigrati nel nostro Paese nella speranza di condizioni di vita migliori. Che hanno compiuto reati, che sono state processate e condannate (i ¾ di loro in modo definitivo) e che stanno scontando la loro pena in carcere.

I più giovani del campione osservato, sono due detenuti nati nel 1994 (4%): hanno quindi oggi 23 anni. Quelli che nel vecchio Ordinamento Penitenziario (sino all'entrata in vigore del Decreto 92 del giugno 2014) venivano chiamati "giovani/adulti" ed, in quanto tali, usufruivano di un Trattamento Penitenziario differenziato dall'altra popolazione detenuta. Le considerazioni fatte nel capoverso precedente, ovviamente, riguardano anche questi giovani, tenuto conto delle osservazioni fatte nei paragrafi precedenti.

Il tempo dei fatti sopradescritti è però più breve e contratto.

Come possa vivere in stato di detenzione un ventitreenne è, facilmente, immaginabile. Ma così è.

Il più anziano del campione analizzato è del 1966, che oggi ha, quindi, 51 anni.

II . L'anno di arrivo in Italia

Ne segue una tabella di riferimento che dà la mappatura del nostro campione.

anno di arrivo in Italia	numero detenuti
1988	1
1992	1
1993	2
1995	1
1997	1
1999	2
2000	6
2002	4
2003	7
2004	2
2005	2
2006	5
2007	3
2008	3
2010	2
2011	3
2013	1
2015	2
2016	1
Un ultimo intervistato è nato in Italia	

L'**arco temporale** del Campione è discretamente ampio e copre ben 28 anni (dal 1988 al 2016); periodo questo che ha visto crescere il fenomeno migratorio nel nostro Paese.

L'**anno più rappresentato** è il 2003 (7 detenuti stranieri), seguito dal 2000 (6). Diciamo che la prima decade dell'anno 2000 si distingue, come quantità di stranieri detenuti sottoposti al nostro questionario, sia dalla decade che precede, come dalla decade successiva, tuttora in corso. Lungi da noi volerne ricavare la ben che minima considerazione significativa, valeva la pena evidenziarlo. Come ci sembra opportuno evidenziare che dal 2010 ad oggi, il nostro campione (casuale) si assottiglia.

Dal 1988 al 1999	Ingresso in Italia di 08 persone
Dal 2000 al 2009	Ingresso in Italia di 32 persone
Dal 2010 al 2016	Ingresso in italia di 09 persone

A solo scopo informativo, si specifica che dai dati nazionali emerge come il fenomeno migratorio in Italia abbia alcune importanti caratteristiche: la prima è che il termine "invasione", spesso usato dai media non solo è inadeguato, ma anche totalmente falso. Gli **immigrati residenti** in Italia, infatti, sono 5.029.000 secondo gli ultimi dati Istat aggiornati al 1 gennaio 2017.

Questo è un dato preciso, perché si contano le persone registrate alle anagrafi comunali che hanno una cittadinanza diversa da quella italiana. Nel dato sono compresi tutti gli stranieri, incluse le persone provenienti da altri paesi dell'Unione Europea. Gli stranieri non comunitari, quelli che nell'immaginario collettivo sono percepiti come i "veri stranieri", sono circa 3 milioni 500 mila.

Agli stranieri regolari residenti vanno aggiunti gli **stranieri regolari, ma non residenti**, che hanno cioè un regolare permesso di soggiorno, ma non sono iscritti all'anagrafe di nessun comune italiano.

Secondo i calcoli del <u>Ventiduesimo Rapporto sulle Migrazioni 2016 di Fondazione ISMU</u>, si tratta di 410 mila persone (dato riferito al 1 gennaio 2016).

Gli stranieri regolari in Italia sono quindi circa 5 milioni. Si tratta della pattuglia di stranieri in Italia più stabile, ed è un dato che comprende anche i rifugiati, che sono una componente stabile della presenza di stranieri in Italia. Come <u>abbiamo visto qui</u>, i rifugiati sono 147 mila.

Risolviamo la questione, prendendo per buono il dato che, tutti compresi, persino i Londinesi della City che vivono in Italia (per capirci…), gli stranieri sono circa 5 milioni.

In base ai dati rilasciati dall'Istat nel giugno 2017, al 1° gennaio 2017 la popolazione italiana è di 60.589.445 persone, di cui 29.445.741 maschi (48,6%) e 31.143.704 femmine (51,4%).

Ciò significa che gli stranieri in Italia sono circa l'8%, tutti quanti, anche quelli che non consideriamo come una preoccupazione, ma, addirittura, una risorsa essenziale (tedeschi, francesi, inglesi, non extracomunitari e tantomeno clandestini).

Che senso ha parlare "d'invasione"? Evidentemente la percezione della diversità, altera la percezione del dato numerico.

Gli stranieri residenti in Italia al 1° gennaio 2017 sono 5.047.028 e rappresentano l'8,3% della popolazione totale. Le nazionalità presenti in Italia sono circa 200 e nella metà dei casi si tratta di cittadini europei. Le cittadinanze più numerose (tutte superiori a 200.000 persone) sono le seguenti: rumena (circa 1,2 milioni di persone, ossia 1,9% della popolazione totale), albanese (circa 448.400 persone, ossia lo 0,7% della popolazione totale), marocchina (circa 421.000 persone, ossia lo 0,7% della popolazione totale), cinese (circa 282.000 persone, cioè lo 0,5% della popolazione totale) e ucraina (circa 234.000 persone, ossia lo 0,4% della popolazione totale).

Aumentano gli stranieri in Italia, ma questo non basta a fermare il calo demografico che il nostro paese sta vivendo da anni.

Secondo il Rapporto demografico relativo al 2016 dell'Istat, la popolazione straniera aumenta di 20.875 unità (di cui soprattutto uomini), mentre quella italiana cala di 96.981 unità. Al 31 dicembre 2016 in Italia si contano 60.589.445 milioni di persone, di cui più di 5 milioni di cittadinanza straniera (circa l'8, 3 per cento, la maggior parte dei quali risiede nel centro-nord). Lo scorso anno sono state registrate 473.438 nascite e 615.261 decessi, dunque il saldo naturale è negativo per 141.823 unità.

III . Paese di provenienza

Si osservi la tabella che segue, riguarda le provenienze dei detenuti intervistati.

Paese di provenienza	Numero detenuti
Marocco	16
Tunisia	12
Albania	7
Algeria	4
Libia	3
Egitto	2
Romania	2
Francia	2
Spagna	1
Detenuto nato in Italia	1

Il Nord Africa, come Paese di partenza, rappresenta quasi il 70% degli intervistati. A questi si aggiungono i Paesi dell'Est "Europeo". Infine, i tre detenuti provenienti da Francia e Spagna.

Come vedremo successivamente, dall'Africa si arriva in Italia prevalentemente in gommone, attraversando il Mediterraneo: nei primi sei mesi del 2017, le morti accertate sono state 2.247, su di un numero totale di sbarchi, tra Italia, Grecia e Spagna, di 101.210 persone. (Fonte: Ministero dell'Interno). A poco serve dividerli tra migranti che fuggono dalle guerre e migranti economici: poco conta se sono le bombe o la fame a spingere ad emigrare. E' in entrambi i casi un tentativo di continuare a vivere.

Tunisia, Algeria, Libia e Marocco rappresentano i quattro Paesi di provenienza più affollati nel nostro campione d'intervistati, il che, nonostante sia casuale, ricalca in tutto e per tutto le caratteristiche generali del fenomeno migratorio da tempo in atto nel nostro Paese.

Questo significa introdurre nella società descritta da Bauman soggetti con un portato culturale profondamente diverso dal nostro, e dunque è più urgente la necessità di trovare dei modi per favorire l'integrazione senza che tali soggetti si spersonalizzino e perdano il contatto con le proprie radici.

IV . Il Mezzo di trasferimento

Anche in questo caso il risultato può essere preceduto da una piccola tabella:

Mezzo indicato dai detenuti	Numero detenuti
Battello	14
Gommone	9
Nave	15
Aereo	5
Pulman	6
Intervistato nato in Italia non ha indicato alcun mezzo	

La via del mare, innanzitutto, è il percorso più utilizzato per raggiungere il nostro Paese: circa il 60% degli intervistati si è spostato sul mare (Battello, Gommone e Nave).

Siamo dubbiosi circa i 15 detenuti che hanno risposto "Nave"; ci pare un dato elevato che, forse, può essere spiegato dalla difficoltà di capire la differenza nella nostra lingua tra battello e nave.

Elevato pure il numero dei detenuti giunti in Aereo (10%). Se il dato fosse veritiero, si può supporre che queste persone non sono partite da clandestine, ma da regolari. Persone di cui si avevano tutte le generalità, compreso il motivo del viaggio aereo.

Un'ipotesi, a nostro parere, su cui riflettere.

V . L'idea della vita in Italia: le aspettative in astratto

Migliore di quella che ho trovato	31
Esattamente quella che ho trovato	13
Peggiore di quella che ho trovato	5
Intervistato nato e cresciuto in Italia	0

Ben 31 detenuti intervistati hanno dichiarato che l'idea che si erano fatti della situazione di vita italiana dal loro Paese d'origine era migliore di quella che, con l'esperienza, hanno trovato e verificato: praticamente, sono stati o si sono illusi.

Il 62% degli intervistati ammette di esser stato male informato sul nostro tenore di vita e, in qualche modo, di essersi pentito di aver fatto questa scelta migratoria: a nostro avviso è una percentuale elevata che sposta una quota di responsabilità sulle scelte dei Paesi di migrazione anche sui mezzi di comunicazione di massa.

L'immagine che viene data dell'Italia al di fuori dei nostri confini, nei paesi in via di sviluppo è migliore della realtà. Probabilmente, anche le possibilità di trovare lavoro sono spacciate per superiori rispetto alla realtà reale.

Ci pare superfluo ricordare che l'illegalità produce crimini.

E' questo il motivo per cui i fenomeni migratori vanno gestiti e non subiti.

Paolo Pinotti, dell'Università Bocconi di Milano, ha dimostrato con un'interessante Ricerca (cfr. American Economic Review) che ha analizzato il Tasso di Criminalità degli Stranieri prima e dopo la richiesta di permesso di lavoro, attraverso il CLik Day del 2007 (Istanze Decreto Flussi), l'incidenza dei reati crolla quando la domanda è accolta. Detto in altre parole, la criminalità si combatte regolarizzando i migranti.

Analizzando il tasso di criminalità di oltre 100mila stranieri prima e dopo il decreto flussi del 2007, Pinotti mostra infatti come l'incidenza si dimezzi l'anno successivo, per chi è stato accettato e messo in regola, mentre resti invariata fra chi è rimasto clandestino.

Se l'illegalità produce crimini, la legalità riduce i crimini.

Il 62% dei nostri detenuti intervistati non è venuto in Italia per delinquere, ma per rincorrere condizioni di vita illusorie, che non ha, in linea di massima, assolutamente trovato.

Questo è uno degli effetti più evidenti della "globalizzazione" e della lettura della realtà attraverso quegli stereotipi di cui parla Bauman che rappresentano "indici" del benessere e della ricchezza anche se nella realtà, non si riscontra tale corrispondenza.

Adoperarsi, quindi, affinché fuori dai nostri confini si sappia la realtà economica ed occupazionale del nostro Paese, è un imperativo categorico ed un dovere di corretta informazione.

I rimanenti 18 intervistati che hanno dichiarato di essersi fatti un'idea del nostro Paese esattamente così o, addirittura peggiore di come lo hanno trovato nella realtà, devono farci riflettere.

Poniamoci una domanda: quanta disperazione, quanta necessità, quanta motivazione profonda deve esserci stata dentro di loro per essersi messi in viaggio? Mettersi in viaggio per un Paese, il nostro, che immaginavano, questi 13 (il 38%), esattamente come lo hanno trovato, con la sua disoccupazione, con le sue sacche di povertà; oppure, quei 5 di loro (il 10%) che sono emigrati ugualmente immaginandosi un Paese addirittura più problematico ed inospitale di quel che han trovato. Solo tanta disperazione può spiegarci questi comportamenti. E, veramente, tanta necessità.

L'altra ipotesi che si può fare è quella della esistenza di una percentuale già "marginale" nel proprio Paese di origine, che prova a cambiare luogo al fine di cambiare la propria esistenza ma che, rimane vittima della microcriminalità proprio a causa della struttura già acquisita di personalità.

VI . Quale lavoro vorrebbe fare in Italia?

Anche in questo caso il risultato del campione viene riportato prima del commento in tabella:

MURATORE	11
MECCANICO AUTO	7
CUOCO	5
SALDATORE CARPENTIERE	4
CORRIERE/AUTISTA	3
COMMERCIANTE/ RAPPRESENTANTE	3
CAMERIERE	3
GIARDINIERE	3
GIOCATORE DI CALCIO / MILIONARIO	2
INFORMATICO	2
UN LAVORO ONESTO QUALUNQUE	1
ELETTRICISTA	1
CONTADINO	1
PIZZAIOLO	1
BENZINAIO	1
ORMEGGIATORE	1
BARBIERE	1

Un'infinità di mestieri, forse più all'insegna di ciò che potrebbe diventare realtà, che all'insegna di propri desideri. Se escludiamo i due detenuti che hanno risposto "Giocatore di calcio/milionario", gli altri 48 intervistati hanno elencato mestieri semplici e, molto probabilmente, alla loro portata. Il mestiere di muratore è quello che ha raccolto più risposte (11, cioè il 22%). Come indice di gradimento, il meccanico d'auto si è classificato al secondo posto, dopo il muratore: 7, cioè il 14%.

I detenuti intervistati, in linea di massima, non chiedono "la luna nel pozzo", ma mestieri onesti, molti dei quali decisamente faticosi e, come si dice oggi, usuranti. Non parrebbe, quindi, che manchi loro la buona volontà e l'impegno.

I due che hanno risposto "Giocatore di calcio/milionario" sono la dimostrazione della totale libertà di risposta al questionario, somministrato senza nessuna suggestione o controllo.

Le aspettative lavorative, come si può desumere, sono aderenti ad una realtà diversa rispetto a quella Occidentale.

Sono la fotografia di una società più semplice basata sulla piccola impresa privata, sui piccoli rapporti commerciali. Sono quasi tutte professioni che corrispondono ad una società (come quella che si incontra nella maggior parte dei Paesi Arabi) fatta di piccole realtà cittadine, con l'esclusione delle gradi città metropolitane, dove il lavoro nasce o da una tradizione familiare ovvero dalla libera scelta del privato. Con un basso livello di burocraticizzazione dei procedimenti per accedere all'esercizio dei diversi mestieri.

VII . Quale altra attività, oltre al lavoro?

Anche in questo caso il quesito voleva individuare ed indagare quale fosse la qualità della vita che i detenuti immaginano di potersi costruire.

I risultati.

Fare dello sport	12
Stare insieme alla mia famiglia	8
Studiare	7
Contadino	6
Mettere su famiglia	6
Volontariato	4
Andare in Chiesa	3
Pescatore	2
Riposarmi a casa	1
Qualsiasi cosa pulita per migliorare la mia vita	1

Chi non lavora in carcere, inevitabilmente, nel momento in cui decide di riflettere sulla realtà detentiva, bene che vada riflette su dei numeri: "Capienza regolamentare e sovraffollamento", "In attesa di Giudizio o Posizione Giuridica di Definitivo", "Italiani o Stranieri", "Tossicodipendenti o Delinquenti abituali", etc etc. ...

Tutte categorie, importanti quanto si vuole, ma pur sempre categorie. Somministrare un Questionario a detenuti e, soprattutto, elaborare minimamente le loro risposte agli items, trasforma i numeri e le categorie in esseri umani, cioè in persone.

Le risposte alla domanda 7 vanno in questa direzione e ci presentano un quadro di gestione del (futuro) tempo libero a fine pena, a dir poco sconcertante, per la loro normalità: la percentuale maggiore degli intervistati (28%) intende passare il tempo libero in famiglia. Quasi uno su 3.

Questo dato ci fa capire quanto sia profondo lo sradicamento dagli affetti familiari delle persone detenute, una sorta di pena nella pena.

Al secondo posto, con il 24%, (uno su quattro), troviamo la risposta "fare dello sport": anche questa, una risposta per così dire "normale" e di buon senso, figlia, forse, della ristrettezza degli spazi di vita da detenuti, i quali passano molto del loro tempo in cella, all'interno della loro sezione detentiva, con sempre insufficienti momenti di aria aperta nel cortile interno all'Istituto. L'umanizzazione della pena, prevista dalla nostra Carta Costituzionale, deve fare i conti con spazi e strutture detentive sempre angusti, mai sufficienti a uomini e donne fatti di anima e di corpo: così, il desiderio di occupare il tempo libero dal lavoro a pena scontata facendo attività sportiva diventa pressante e facilmente comprensibile.

Al terzo posto, con il 14%, troviamo una risposta a nostro avviso inaspettata: **"Studiare"**.

Detenuti presenti per titolo di studio

Regione di detenzione	Laurea	Dipl. sc. m. sup	Dipl. sc. prof. le	Lic. sc. m. inf	Lic. Sc. elem.	N tit. st.	Analf.	Non rilev.	Totale
				Detenuti Italiani + Stranieri					
Abruzzo	14	129	21	636	343	26	17	631	**1.817**
Basilicata	4	27	3	187	68	3	3	160	**455**
Calabria	40	289	20	939	320	39	44	706	**2.397**
Campania	30	261	20	1.578	663	92	54	4.490	**7.188**
Emilia Romagna	31	160	30	811	211	27	27	1.587	**2.884**
Friuli Venezia Giulia	7	53	6	207	41	7	8	286	**615**
Lazio	38	237	27	1.025	300	208	59	3.706	**5.600**
Liguria	12	95	11	441	110	33	13	696	**1.411**
Lombardia	110	701	60	2.590	731	31	110	3.391	**7.824**
Marche	11	60	9	427	92	17	10	243	**869**
Molise	1	17	1	97	53	2	1	150	**322**
Piemonte	38	247	39	1.212	330	265	34	1.424	**3.589**
Puglia	29	164	22	1.630	617	32	29	757	**3.280**
Sardegna	15	90	9	800	355	47	15	508	**1.839**
Sicilia	45	285	27	2.717	1.195	210	109	1.374	**5.962**
Toscana	22	153	23	791	254	101	24	1.901	**3.269**
Trentino Alto Adige	6	22	4	88	26	2	8	133	**289**
Umbria	7	75	10	414	162	22	13	701	**1.404**
Valle d'Aosta	-	12	1	33	9	3	-	66	**134**
Veneto	38	143	46	1.092	264	39	27	826	**2.475**
Totale	**498**	**3.220**	**389**	**17.715**	**6.144**	**1.316**	**605**	**23.736**	**53.623**

Detenuti Stranieri

Regione di detenzione	Laurea	Dipl. sc. sup.	Dipl. sc-prof. le	Sc.m inf.	Sc. elem.	Privo di titolo di studio	An alf.	Non ril.	Totale
Abruzzo	15			57	20	2	2	95	192
Basilicata	-	2	1	9	2	2	2	47	65
Calabria	4	2	1	2	13	15	9	213	329
Campania	6	2	1	23	37	51	7	597	874
Emilia Romagna	8	2	0	29	26	22	7	993	1.347
Friuli Venezia Giulia	3	7	3	1	10	4	3	130	231
Lazio	9	8	5	63	54	144	1	1.963	2.417
Liguria	0	7	6	04	50	29	0	420	766
Lombardia	5	15	1	38	230	92	0	1.858	3.459
Marche	5	8	1	92	20	7	6	139	388
Molise	-	2	-	7	2	2	1	15	29
Piemonte	1	3	5	46	53	235	4	884	1.551
Puglia	3	7	-	47	50	15	5	322	559
Sardegna	4	5	1	2	23	29	8	268	440
Sicilia	5	6	2	45	63	153	1	764	1.179
Toscana	7	0	7	08	55	78	7	1.151	1.573
Trentino Alto Adige	3	5	-	7	22	2	5	95	209
Umbria	2	0	1	1	18	9	3	295	409
Valle d'Aosta	-	6	1	4	4	12	-	47	84
Veneto	8	0	9	67	116	24	1	526	1.361
Totale	34	32	5	3.502	868	927	92	10.822	17.462

Fonte: Dipartimento dell'Amministrazione Penitenziaria - Ufficio per lo sviluppo e la gestione del sistema informativo automatizzato - sezione statistica

77

Come si vede, dalla tabella si evince che dei circa 17.500 detenuti stranieri, la somma tra le ultime tre colonne (privi di titolo di studio, analfabeti e non rilevato) è di circa 12.000 unità, cioè i tre quarti degli stranieri detenuti. Una necessità, quella dello studio, più che motivata, anche se forse inaspettata. I laureati sono una sparuta minoranza. I diplomati scuola media inferiore fanno la parte del leone. Elevare il proprio titolo di studio è un'esigenza sentita e fondamentale.

A nostro parere incrementare le attività scolastiche tra i detenuti dovrebbe essere un imperativo categorico, con ricadute sulla sicurezza e sulle possibilità d'integrazione sociale: in buona sostanza, sul senso stesso della pena detentiva.

VIII . Quali cose desidera più di tutte?

Si è cercato, qui, d'indagare i desideri dei detenuti stranieri, spostando l'attenzione dal livello della "realtà concreta" al livello del "sogno", puramente teorico, ma nello stesso tempo, secondo noi, indicativo per avvicinarsi a comprendere con chi abbiamo veramente a che fare.

La domanda permetteva di fornire tre risposte: alcuni hanno sfruttato al massimo questa opportunità di dar voce ai propri desideri, fornendo tre risposte, altri si sono limitati ad una o a due risposte.

Ed i risultati che, come forse era prevedibile, sono stati a dir poco sconcertanti.

Andare a scuola	23
Una vita serena	22
Un lavoro onesto	21
Stare vicino alla mia Famiglia	17
La Libertà	14
Avere un Documento di Soggiorno	11
La Salute	8
La Pace	7
Una casa dove vivere	5
Stare a contatto con la Natura	2

Innanzitutto, il desiderio maggiormente espresso, come si vede, è *"Andare a Scuola"*, con 23 risposte: non pensavamo, in totale sincerità, di trovare in vetta ai desideri dei detenuti stranieri questa risposta.

Probabilmente è stata così tanto indicata anche per il fatto che partecipare ad attività scolastiche rappresenta, per chi è detenuto, un modo per uscire dagli spazi angusti di una camera condivisa spesso con altri, ma non può essere l'unica motivazione alla base di questo risultato e crediamo sia il caso di formulare altre ipotesi di spiegazione: come abbiamo visto dai dati riportati sopra, il livello scolastico degli stranieri detenuti è decisamente basso ed il tempo detentivo può rappresentare una risorsa insperata da cogliere. I detenuti da noi intervistati, sembra l'abbiano colta con estrema chiarezza.

Migliorare il proprio livello scolastico può rappresentare un elemento fondamentale d'integrazione a fine pena, in un Paese, come il nostro, altamente scolarizzato, soprattutto se paragonato ai livelli dei Paesi d'origine e di provenienza.

Investire nella Scuola in Carcere può significare, da un lato, fornire risposte ai desideri dei detenuti e dall'altro lato contribuire a creare le condizioni per quel reinserimento sociale che la nostra Carta Costituzionale, almeno in teoria, prevede.

Stando così le cose, istituire corsi scolastici all'interno degli Istituti di Pena dovrebbe, a parere nostro, essere obbligatorio e non lasciato all'iniziativa dei dirigenti: più scuola in carcere rappresenta più sicurezza e meno recidiva dei reati.

Al secondo posto dei desideri espressi troviamo, con 22 risposte *"Una vita serena"*. Sembrerebbe che i comportamenti devianti, inevitabilmente caratterizzanti la vita pre- detentiva, non abbiano "pagato" così tanto, per le loro conseguenze in termini di vite problematiche, dolorose e difficili, tanto da far emergere con discreta prepotenza il desiderio di una vita serena. Un po' come dire che il crimine non "paga". E la consapevolezza emersa in questi 22 detenuti, non ci pare sia da sottovalutare.

Il Valore espresso (la serenità), ha poco a che vedere con la ricchezza materiale, con altri pseudo simboli di status in voga, e si colloca nel profondo di ogni persona, più che nell'evidenza esterna. Sinceramente, questo dato ci ha stupiti.

Si può però sottolineare che "una vita serena" richiama quella assenza di "frammentazione" e di precarietà di cui si parlava in precedenza come situazione immanente per chi intraprende un percorso di immigrazione, tenuto conto delle caratteristiche socio economiche dei Paesi di provenienza.

Al terzo posto dei desideri espressi troviamo, con 21 risposte, "*Un Lavoro Onesto*". Le considerazioni espresse nel punto precedente, ci sembra valgano anche per queste 21 risposte e qui le richiamiamo, confermandole. In più, ci sembra importante rilevare come la correlazione tra queste risposte e le precedenti, rappresentino un continuum importante: una specificazione concreta e pratica del precedente desiderio espresso.

Un po' come se ci venisse detto che la strada da percorrere per raggiungere una vita serena sia, per i detenuti intervistati, avere un lavoro onesto. Questa correlazione può sembrare quasi banale per chi non è mai stato in carcere, ma trovarla tra persone detenute non ha nulla di banale, ma sicuramente ha, almeno per noi, un significato molto rilevante, su cui riflettere.

La stragrande maggioranza degli stranieri giunti nel nostro Paese non erano delinquenti del loro Paese d'origine: lo sono diventati nel nostro, più per necessità di sopravvivenza, che per loro libera scelta delinquenziale; facili prede delle nostre organizzazioni malavitose, specialiste nel procurarsi manovalanza facile perché fragile e disperata. Un lavoro onesto sarebbe per loro un antidoto potente ed efficace e, con una lucidità ancora una volta sconcertante, ce lo indicano tra i loro desideri più importanti.

Al quarto posto dei desideri espressi troviamo, con 17 risposte *"Stare vicino alla mia Famiglia"*, che ci parla dello sradicamento affettivo presente in tutta la popolazione detenuta, ma particolarmente drammatico per gli stranieri: mentre per i detenuti italiani ci sono possibilità di luoghi detentivi relativamente vicini ai propri cari, per gli stranieri ciò è totalmente impossibile e, quindi, inevitabilmente, si assiste impotenti a sradicamenti affettivi pressoché totali, con sofferenze immaginabili. Nella migliore delle ipotesi, i rapporti familiari sono solo epistolari, ma non pochi sono i casi di black out comunicativo con la famiglia d'origine. Stare in carcere è di per sé doloroso, ma non saper se i propri cari sono vivi o morti diventa insopportabile. Un problema da affrontare con urgenza, facilitando, ove possibile, il rimpatrio degli stranieri.

I restanti desideri espressi (la salute, la pace, la libertà) erano prevedibili ed ampiamente comprensibili, anche se, tra questi, "la pace", un commento crediamo sia da fare.

Spesso siamo portati, nei tempi bui del terrorismo che stiamo attraversando, a pensare allo straniero come potenziale terrorista.

I fatti accaduti, però, hanno dimostrato che la stragrande maggioranza degli attentatori saranno anche stati stranieri, ma quasi sempre residenti (non integrati) da anni nei Paesi oggetto di atti di terrorismo. A noi sembra di poter affermare, riflettendo sui fatti accaduti negli ultimi anni, che chi ha compiuto atti di terrorismo non sia partito dal proprio Paese con questo motivo, ma piuttosto siano state persone che abitavano da anni in Europa, con tali e tante difficoltà d'integrazione, con vite difficile e complicate, con isolamento sociale pronunciato, che hanno trovato, nel "passaggio all'atto" una motivazione ideologica o pseudo-religiosa che, in qualche modo, li collegasse ai propri Paesi d'origine. Se le cose stanno così, la direzione da seguire pare essere quella della miglior gestione del fenomeno migratorio, che risponde ad esigenze macrodemografiche e, in quanto tale, del tutto inarrestabile. I fenomeni migratori epocali vanno gestiti con buone prassi d'integrazione, più che (vanamente) ostacolati.

Una politica d'integrazione ridurrebbe le motivazioni di gesti estremi, in buona sostanza. A noi sembra che il desiderio di pace espresso dagli intervistati, vada in questa direzione. Come, nella medesima direzione, ci sembra vada inquadrato, infine, l'ultimo desiderio espresso "Avere un Permesso di Soggiorno".

Ovviamente, qui, il discorso si sposta a livello legislativo. E non è questa la sede, ma, nelle opportune sedi, ci sembra debba essere affrontato con serietà e lungimiranza.

IX . Quali cose *NON* desidera più di tutte?

Questa domanda, che può sembrare la precedente semplicemente capovolta, in realtà è stata fatta per verificare quali erano le cose più temute dagli intervistati, in modo da poter cogliere le loro paure profonde.

In ognuno di noi esistono, a livello di pensiero, una sorta di gerarchie di fatti che mai e poi mai vorremmo ci accadessero. Con l'esperienza detentiva, talora, alcune paure si possono allontanare ed altre venire più prepotentemente in superficie. Anche qua, è stata data la possibilità di esprimere fino a tre timori.

Ed ecco le risposte raccolte:

Ritornare in carcere	31
Subire nuovi processi	12
Non riuscire a ricongiungersi con la propria famiglia	10
Continuare, da libero, a delinquere	6
Ammalarmi gravemente	5
Essere costretto a tornare nel Paese d'origine	5
Non riuscire a costruirsi un futuro	3
Cadere nelle droghe	3
Spacciare droghe	3
Continuare ad essere clandestino	2
Morire	2
Avere a che fare con i ladri	1
Avere a che fare con i bugiardi	1
Essere discriminato perché straniero	1
Fare una vita da povero	1

Si ritiene opportuno raggruppare innanzitutto alcune risposte, diverse tra loro quanto simili concettualmente. Nello specifico: "Tornare in carcere" 31 risposte, "Subire nuovi Processi" 12, "Spacciare droghe" 3, "Continuare da libero a delinquere" 6.

Cinquantadue risposte, complessivamente (oltre 1/3 delle possibilità), mostrano un forte timore di restare nel mondo delinquenziale, che, evidentemente, non è stato considerato dagli stessi, per così dire, "pagante", se tuttora presentano questa ipotesi come la iattura più grande e profonda della loro vita futura, anche se solo a livello di pensiero ipotetico.

Il pentimento per i propri comportamenti devianti sembra abitare negli intervistati.

Quanto sia una sorta di risultato delle detenzione, con le inevitabili sofferenze sofferte, e quanto sia il frutto di una rivisitazione critica autonoma, non è dato sapere. Però, almeno per noi, è un dato inatteso. Soprattutto se si riflette che aver espresso questa preoccupazione non ha fornito, né potrà fornire in futuro qualsivoglia beneficio al detenuto, che era totalmente libero di rispondere qualsiasi altra cosa.

Quel che è certo è che una percentuale così alta, oltre il 30%, deve farci riflettere.

Anche l'esperienza dei Processi subìti, difficile per chiunque di noi, deve esser stata vissuta dagli stranieri sottoposti al giudizio come un'esperienza traumatica, difficile da metabolizzare e che ha lasciato dentro di loro tracce profonde e complesse da superare.

Il fatto poi che tra tanti reati che potevano esser menzionati sia stato riportato solamente lo spaccio di sostanze stupefacenti, la dice lunga, a nostro parere, sulla tipicità del reato, che, almeno nel nostro Paese, è da decenni (a livello di vendita al dettaglio sulla strada e nelle piazze) appannaggio prevalentemente di mano d'opera straniera (riflessione che ricollega questo dato a quanto si diceva sulla tipologia dei reati commessi più di frequente dagli stranieri nonché sulla percentuale di persone che arriva in regola dai Paesi maggiormente interessati dal fenomeno dell'immigrazione verso l'Occidente).

Dopo l'analisi della macro-area sopradescritta, troviamo un'altra importante preoccupazione tra i partecipanti allo studio, rappresentata dal timore di "Non riuscire a ricongiungersi con la propria famiglia" (10 risposte): un dato decisamente significativo. Questa preoccupazione, da un lato, ci permette di rilevare quanto peso abbiano i legami affettivi familiari interrotti tra la popolazione detenuta straniera e dall'altro lato, a parer nostro, ci permette di cogliere un aspetto centrale del fenomeno migratorio in atto.

Si emigra spesso da soli, lasciando la propria famiglia nel Paese d'origine, con l'idea che sia possibile un ricongiungimento che il tempo e le esperienze vissute dal migrante fanno diventare spesso impossibile. Le scarse politiche d'integrazione del nostro Paese sono frequentemente alla base dei comportamenti devianti degli immigrati, che sono facile preda della malavita nostrana.

La vita delinquenziale, ad un certo punto, apre le porte delle carceri e le difficoltà di contatti con la propria famiglia aumentano: a quel punto, il detenuto straniero si sente per così dire in trappola: le sue difficoltà d'integrazione, a pena scontata, saranno presumibilmente molte e con buona probabilità non ci saranno le condizioni per far venire la famiglia nel nostro Paese; e l'ipotesi di rientro nel Paese d'origine non è per niente allettante, con il mix di povertà e guerre che tutti sappiamo.

Non riuscire a congiungersi con la propria famiglia, pare, a chi scrive, una preoccupazione più che legittima e pesante.

X . Secondo lei, che cosa è importante avere per essere felici?

Si indicano i risultati:

Un lavoro onesto	**30**
Stare con la famiglia	21
Mantenere i contatti con i figli	10
Mantenere i contatti con la moglie	9
Essere fuori dal carcere	8
Trovare una donna da amare	4
Stare economicamente bene	2
Avere una casa	2
Avere i genitori vicini	2
Vivere in pace	2
Essere tranquillo	1
Essere accolti dagli italiani	1
Avere un cane	1
Avere amici per bene	1

Ed ecco la ricetta per la felicità dei detenuti stranieri intervistati: al primo posto "Un lavoro onesto", con ben 30 risposte; al secondo posto (raggruppate per analogia) "La famiglia", "I figli", "La moglie", "i genitori vicini".

Un lavoro onesto è quindi ciò che i nostri intervistati ritengono essenziale. In un Paese come il nostro, con tassi di disoccupazione così elevati, sarà ben difficile che la felicità verrà raggiunta: gli ostacoli paiono molti. Innanzitutto il razzismo più o meno camuffato e discretamente diffuso, a cui si aggiunge l'essere pregiudicati e, infine, livelli di professionalità quasi inesistenti.

Il periodo detentivo, però, potrebbe essere usato per ridurre almeno il terzo ostacolo, con l'istituzione di Corsi Professionalizzanti interni al Carcere, che, dove già esistono, dovrebbero essere incrementati, in modo da raggiungere la quasi totalità della popolazione detenuta; e dove ancora non esistono, andrebbero istituiti senza indugio, con il duplice scopo di elevare la professionalità dei ristretti e di applicare nel contempo il dettato costituzionale.

L'altro gruppo di elementi che vengono indicati come ingredienti della felicità, ci riporta in primo piano le questioni affettive ed i legami familiari, che già abbiamo affrontato e su cui non ci soffermeremo nuovamente, se non per sottolinearne la centralità che occupano nella mente, nei pensieri e nei desideri dei nostri intervistati.

XI. Che cos'è per lei la fedeltà?

Con questa domanda volevamo indagare l'ambito interpretativo del concetto di fedeltà nei nostri detenuti stranieri. Se, cioè, aveva contenuti ideologici (per esempio: fedeltà ad una ideologia), o se veniva vista o meno la sua dimensione affettiva e nulla più. Qui di seguito, i risultati:

Fedeltà a Dio	15
Essere fedele a se stesso	5
La costanza dei tuoi ideali	5
Non tradire le persone che ami	4
Non tradire il Prossimo	3
Essere fedele a Dio, alla Moglie, al Lavoro	2
Non deludere chi si fida di me	2
La parola che dai e mantieni	2
Un principio fondamentale	2
Avere serietà nella vita	2
Mantenere sano un rapporto	1
Fiducia reciproca	1
E' tutto	1
Una cosa che sta nel cuore	1
Dire sempre la verità	1
Chi non è fedele non trova lavoro	1
Una cosa che non si compra	1

Come si vede, molte risposte sono del tutto personali, ed, in quanto tali, difficilmente commentabili.

Ma, data la motivazione d'indagine che ci eravamo posti nell'aver fatto questa domanda e che sopra abbiamo evidenziato, ci sembra di poter dire che anche questi risultati possano farci riflettere: circa la metà degli intervistati ha fatto riferimento al concetto di "fedeltà ideologica" e l'altra metà al concetto di "fedeltà affettiva". ("Fedeltà a Dio" 15 persone, "La costanza dei tuoi ideali" 5 persone, "Un principio fondamentale" 2 persone, "Non deludere chi si fida di me" 2 persone).

Un dato importante: se il questionario fosse stato somministrato ad un campione di detenuti italiani, secondo noi, il risultato sarebbe stato con buona probabilità molto differente, con una stragrande maggioranza di risposte relative al concetto di "fedeltà affettiva" e solo poche risposte relative al concetto di "fedeltà ideologica". Se la nostra lettura è corretta, potremmo affermare che gli intervistati stranieri, per motivi culturali o religiosi, fanno molto più riferimento al concetto di "fedeltà ideologica" di quel che ci saremmo aspettati.

In buona sostanza, verrebbe da dire che per questi il termine fedeltà evoca molti contenuti etici generali della loro vita, ponendo in secondo piano il contenuto di relazione individuale con la persona amata. Un po' come se la fede, la religione, l'etica, la facessero da "padroni" dei loro comportamenti, *in qualche modo li orientassero*. In questo, diversissimi da noi occidentali, ripiegati sull'individualismo sfrenato e su una Fede più teorica che pratica.

Forse, la nostra difficoltà a capire come, nei fenomeni d'integralismo, delle persone siano così facilmente disposte a farsi saltare in aria negli attentati, parte proprio da qui: la proporzione tra obiettivi di vita individuale ed obiettivi collettivi è del tutto diversa.

Come si vedrà in seguito, nella Fede Islamica non c'è nessun messaggio di odio, ma poco conta se non si comprende che l'unica strada per contrastare il fenomeno del proselitismo nei luoghi di detenzione passa attraverso uno sforzo di controinformazione che attualmente è lasciato all'iniziativa dei singoli istituti e non è pianificato a livello organizzativo: usare il periodo detentivo, spesso lungo, per fornire elementi corretti di lettura del Corano, a nostro modesto parere, potrebbe assolvere ad una funzione preventiva più significativa di quello che si può pensare. Se ai "possibili fondamentalisti islamici" sono state fornite letture sbagliate, solo le letture giuste e corrette possono servire per incidere e modificare la situazione.

XII . Che cos'è per lei la lealtà?

I risultati:

Mantenere la parola data	12
E' una promessa fatta ad altri	12
Essere affidabile	8
Un valore importante	7
Essere giusto ed onesto con se stesso e con gli altri	2
E' la verità senza maschera	1
Per me la lealtà è la vita	1
La lealtà è vita	1
La vita	1
La lealtà, io la vedo come una persona umile	1
La lealtà è nel lavoro	1
Essere onesto con le persone	1

Due detenuti non hanno risposto.

Questa domanda è una verifica ed un approfondimento della precedente domanda. Ed i risultati sono stati confermati.

Anche in questo caso, la dimensione individuale e la dimensione collettiva praticamente si equivalgono, senza che sia stato (volutamente) specificato nella domanda quale fosse l'ambito che s'intendeva indagare: le risposte che sono state raccolte si muovono per metà nella dimensione collettiva e gli intervistati hanno inteso il termine lealtà come, in buona sostanza, "rispettare gli impegni presi con gli altri e non deluderli".

"L'individuo", il singolo, si fa "piccolo", fino quasi a sparire nei confronti del gruppo di riferimento con cui si è preso un impegno. Un concetto molto distante dalla cultura occidentale, che salvaguarda le decisioni del singolo in ogni momento della sua vita. La cultura liberista rappresenta l'apoteosi di tale concetto: ognuno di noi occidentali, se rispetta le regole sociali ed i vari Codici Civili e Penali, è libero di fare quel che crede, in ogni momento.

I detenuti stranieri intervistati hanno mostrato tutt'altro schema, molto più rigido ed etero diretto.

Non è questa la sede per dire quale sia migliore e quale sia peggiore, ma dire che sono due schemi differenti, questo ci sembra proprio di poterlo dire.

XIII . "Che cosa pensa delle Istituzioni Italiane?"

I Tribunali non funzionano	18
Che non funziona niente	9
Sono troppo complicate	4
Il Parlamento ed i Tribunali secondo me non funzionano bene	3
Normale	3
No comment	2
Che funziona tutto bene	2
Che funzionano male come a casa mia	1
Le Istituzioni mi hanno massacrato con tanta galera	1
Penso che sarebbe meglio dare più fiducia ai detenuti	1
La Giustizia da una parte è giusta e da una parte è sbagliata	1
Stato buono, Parlamento buono, Tribunali giusti	1
I Giudici devono stare più attenti quando danno le condanne	1
Non sono mai riuscito a capire come funzionano	1
Mancanza di vicinanza con le persone	1
Penso che si può e si dovrebbe migliorarle tutte	1

Da queste risposte, le nostre Istituzioni non escono per niente bene.

Si potrà dire che l'essere stati privati della libertà, attraverso più o meno lunghe pene detentive, non è la condizione ideale per raccogliere consensi tra gli intervistati, però crediamo che alcuni giudizi possano da noi essere facilmente condivisi...

La durata dei Processi - Secondo le Statistiche Ministeriali:

• dall'inizio del primo grado di giudizio (cioè dalla prima udienza che si celebra in tribunale) alla prima sentenza, trascorrono circa due/tre anni (se si tratta di processi con uno o pochi imputati) o cinque/dieci anni, se si tratta di un processo che riguarda più imputati per reati molto gravi;

• dalla sentenza di primo grado a quella della Corte di Appello passano circa due/tre anni;

• dalla sentenza di appello a quella pronunciata dai Giudici della Cassazione passano due/tre anni.

Il sacrosanto garantismo (i tre gradi di giudizio e la definitività della condanna a compimento dell'intero iter di giudizio garantita dalla Carta Costituzionale) deve trovare il modo di coniugarsi con tempi più accettabili. Il nostro Paese è fanalino di coda in Europa: in Francia, in Germania e nel Regno Unito, tanto per fare degli esempi, i tempi sono letteralmente dimezzati.

Il sovraffollamento carcerario – problema storico, mai risolto in modo definitivo, che, peraltro, rischia di costare multe salatissime allo Stato Italiano da parte dell'Unione Europea.

Errori giudiziari – Il risarcimento annuo dello Stato per ingiusta detenzione, si aggira sui 50 milioni di Euro l'anno.

Le Misure Alternative alla Detenzione – Sono praticamente inesistenti per gli Stranieri, che, in buona parte, sono anche clandestini: privi di documenti validi, senza Permesso di Soggiorno, senza un'abitazione ed una residenza nel nostro Paese. L'unica cosa che possono fare è stare chiusi in cella per tutta la durata della pena. Per chi è tossicodipendente o alcolista, non ci sono Comunità Terapeutiche disposte ad accoglierli. Men che meno ci sono, per gli altri detenuti stranieri, Datori di Lavoro disponibili a fornire loro lavoro in quanto irregolari clandestini, senza incorrere in palesi reati amministrativi.

Burocrazia elefantiaca ed inefficace nella maggioranza dei casi, che arriva a difficoltà insormontabili pure ad essere rimpatriati nei Paesi di provenienza: una situazione del tutto priva di logica, che, per giunta, ha costi economici elevatissimi per il nostro Stato.

Anche il giudizio sul funzionamento del nostro Parlamento è, tra gli intervistati, molto critico: per l'elefantiaca burocrazia, per la contraddittorietà di alcune norme o leggi, per i tempi necessari ad adottare provvedimenti legislativi, etc. ... Giudizio impossibile da non condividere.

E, trattandosi di detenuti stranieri, inevitabile trovarsi di fronte al tema delle scarse politiche migratorie, dei limiti dell'accoglienza, della ridondanza di norme,... .

XIV . Che cosa pensa di Internet?

Se consideriamo che nei penitenziari non è consentito l'utilizzo di Smartphone e di Internet, questa ultima domanda del questionario aveva lo scopo d'indagare le conoscenze e le capacità di utilizzo dello strumento nella vita dei detenuti precedentemente alla carcerazione.

Qui di seguito le risposte a questa ultima domanda:

Non si può vivere senza Internet	15
Ne penso solo bene	14
Né bene, né male: dipende dall'uso che se ne fa	10
E' la miglior scoperta del secolo	2
Internet è oramai entrato nella nostra vita	1
È una perdita di tempo	2
Va bene per gli adulti, ma è pericoloso per i bambini	1
Non sono per niente favorevole	1
È una rovina per tante persone	1
Preferisco conoscere di persona la realtà delle cose	1

Due detenuti non hanno fornito risposta. Nessuno ha risposto di non conoscere Internet.

Nonostante la provenienza da Paesi socialmente ed economicamente svantaggiati del campione sottoposto al questionario, Internet ed il Web sono ampiamente conosciuti e si suppone utilizzati in stato di libertà.

I giudizi positivi dello strumento sono decisamente maggiori, rispetto a quelli negativi. Ne vengono riconosciute le qualità, ma anche le criticità ed i limiti, dal punto di vista dell'utilizzo. La pericolosità pare essere individuata solo nell'uso da parte dei Minori. Infine, ci sembra importante evidenziare l'ultima risposta, che fa riferimento al "mondo del virtuale", di tutt'altra natura rispetto al "mondo del reale".

XV . L'elemento in più da considerare: la religione

Come si è detto in premessa, questo lavoro non ha la pretesa di analizzare in modo esaustivo tutti gli aspetti del difficile tema che si sta affrontando, quanto più che altro, di offrire degli strumenti di riflessione attraverso quanto emerge dall'esperienza diretta sul campo.

Proprio dall'analisi dei casi, emerge una sostanziale difficoltà per gli stranieri, di trovare, anche all'interno degli Istituti, durante l'esecuzione della pena "il bandolo della matassa" cioè delle ragioni, diciamo così, sostanziali per mettere in discussione il proprio percorso di vita ed iniziare una attività di revisione dei propri comportamenti.

Su questo fronte si ritiene che una importanza fondamentale ce l'abbia il ruolo ricoperto dalla religione, come dimostrano i risultati delle domande n. 11 e 12 sottoposte al nostro campione.

Ovviamente la religione non va tanto intesa in modo confessionale, ma come substrato culturale, la cui conoscenza, dovrebbe aiutare a comprendere chi si ha di fronte, la sua potenziale pericolosità, la strategia per arginarne la recidiva o, nei casi più gravi, una eventuale *escalation* criminale.

Letto in questo modo, l'esame di alcuni concetti afferenti alla religione mussulmana può aiutare a comprendere alcuni aspetti a noi sconosciuti, che nella sottoposizione del questionario sono emersi prepotentemente.

Alcuni di questi elementi si pongono quasi come "archetipi collettivi"[8] che consentono da un lato, di comprendere perché gli aspetti religiosi e spirituali siano così importanti, dall'altro perché l'eventuale mancanza di punti di riferimento di tipo speculativo, l'assenza di un sistema valoriale, crei un vuoto di tale portata da produrre una

---

[8] Inconscio collettivo: contiene situazioni che non sono mai state consce, ovvero un patrimonio non individuale ma ereditario e innato comune a tutti gli uomini, che si manifesta in modo simbolico (non necessita di esperienza diretta). I contenuti dell'inconscio collettivo sono gli archetipi.

sostanziale incapacità, da parte dell'individuo di reagire a situazioni di marginalità.

Ciò che si vuol dire è che un "mondo di valori" non può essere sostituito dagli oggetti, bensì solo da un "mondo di valori" alternativo, ovvero, (e sarebbe la soluzione ottimale), da un "mondo di valori integrato".

Dove si crea un vuoto, le ragioni stesse dell'esistenza vengono poste seriamente in discussione.

Quanto si dirà serve, quindi, per comprendere come, l'elemento religioso, giochi un ruolo importante nei processi di identificazione che riguardano ciascuno di noi e, in particolare, che riguardano i soggetti che operano determinate scelte delinquenziali.

Cominciamo con il dire che per i musulmani, dare una lettura della realtà in cui i precetti religiosi e l'ordinamento sociale, convivano, in un regime di separazione, è un elemento di novità che non fa parte della formazione sociale dei Paesi da cui detti utenti provengono. Anche nelle realtà territoriali che hanno adottato sistemi politici più vicini al mondo occidentale e più democratici, religione e società sono strettamente collegati tra di loro.

L'espressione *dīn wa dunya*, ovvero "*religione e mondo*" racchiude tale collegamento. Per un credente musulmano, non sarebbe possibile collocare la propria fede in una sfera "intima", in una dimensione collegata alla propria coscienza, senza che detta fede non si riverberi sul mondo esterno.

Questo dato è emerso in modo evidente nei risultati dell'item 12, dove l'importanza della propria immagine rispetto alla collettività diventa quasi più importante delle scelte del singolo.

Se ci si pensa, quanto sopra detto, è un effetto diretto della storia dell'Islam. Va infatti considerato che il processo storico e spirituale attraverso cui si diffonde l'Islam nel Mondo, rappresenta qualcosa di unico nella storia del pensiero dell'Uomo. Maometto riuscì a trasformare degli agricoltori ed allevatori, divisi in una miriade di tribù, sparse in un territorio vastissimo, caratterizzato da numerose aree desertiche, in pochi anni, in un gruppo compatto ed organizzato sia socialmente che militarmente, che mise in seria difficoltà tutto il mondo occidentale.

Questa trasformazione è legata ad una vera e propria intuizione di Maometto, quella cioè di riunire gli Arabi intorno a cinque semplici precetti fondamentali. Sono cinque ideali religiosi efficacissimi e, soprattutto, - questo ne è il tratto distintivo qualificante - realizzabili da chiunque.[9] Se ci si sofferma su tale aspetto, si comprende la grande distanza tra l'Islam e le altre Religioni, in particolare quelle monoteiste, distanza che si riflette sulla formazione sociale degli individui.

I cinque precetti sono "cose da fare", che tutti possono avere la percezione di svolgere correttamente.

---

[9] "*i cinque pilastri*" sono:
- *Shahadatein*: l'accettazione di un unico Dio e di Maometto come suo ultimo profeta;
- *Salah*: le cinque preghiere quotidiane obbligatorie;
- *Zakah*: la donazione del 2.5 per cento dello stipendio annuale ai poveri;
- *Siam*: il digiuno nel mese di *ramadan;*
- *Hajj*: il pellegrinaggio a La Mecca da fare almeno una volta nella vita (obbligatorio per tutti quelli che sono in grado di affrontarlo).

In nessun altra religione monoteista il credente ha la conferma di essere un "corretto osservante"; i mussulmani, invece, hanno durante la loro vita, cioè nella dimensione spazio – temporale, questa percezione ed oltre a ciò, hanno la percezione collettiva dell'esattezza del loro comportamento, fatto quest'ultimo, che inevitabilmente fa da "collante" tra gli appartenenti al medesimo credo religioso.

Anche l'esame del termine *"jihad"* offre degli spunti interessanti di riflessione.

Si tratta di un termine arabo che significa "fare il massimo sforzo" e compare nel Corano per ben 23 volte.

Si discute molto sulla vera interpretazione di tale termine e, negli ultimi decenni, le Scuole Coraniche concordano sul fatto che, il concetto di *Jihad*, implichi uno "scontro" contro i persecutori e gli oppressori della religione mussulmana.

Detto concetto quindi, si potrebbe dire quasi di pari passo con i conflitti che hanno interessato diverse Nazioni Arabe, ha subito nel tempo, una modifica significativa. Tradizionalmente, infatti, si propendeva per una interpretazione "difensiva" del termine *Jihad*; la dottrina islamica, infatti, riteneva che questo concetto di "sforzo", rispondesse ad un insieme di comportamenti, che vanno dall'impegno intellettuale per migliorare se stessi e la propria condizione di credente, alle operazioni come militante, (anche di guerra), finalizzate a svolgere attività di proselitismo per allargare i confini dell'Islam.

L'idea del "massimo sforzo possibile", però, proprio perché ricomprende anche quello che vede la partecipazione ad azioni di guerra, si è modificato nel tempo ed ha finito per includere non sono solo le azioni violente volte alla difesa dell'Islam, ma anche quelle necessarie, (sia pure violente), per il suoampliamento e la sua diffusione. Proprio in questo punto, il concetto di *Jihad,* passa da una lettura difensiva ad una offensiva, spesso condivisa proprio dai gruppi islamici più radicali.

Per questi motivi al concetto di *Jihad* quindi si aggancia non solo quello della militanza, anche in azioni di guerra, ma altresì quello di suicidio/martirio.

Se prima quindi il concetto di "sforzo militare" era collegato ad un "attacco militare", ora prescinde da tale presupposto. Se si considera poi che i Mussulmani ritengono che uno dei modi per conquistare la vita eterna dopo la morte (la *Ganna*), è quello di lottare contro forme di oppressione, come fanno i *"shahid"* cioè martiri, il passo per equiparare il martirio al suicidio è breve: quando in una operazione militare, la morte di un mussulmano è sicura, tale morte va considerata un martirio e non un suicidio. Tale impostazione troverebbe un suo fondamento nel Corano, nella parte in cui Maometto dice *"Giuro in Colui che nelle mani trattiene l'anima di Maometto che Allah farà entrare in Paradiso chiunque oggi li [i nemici] combatterà e sarà ucciso soffrendo nella dura prova e ricercando il piacimento di Allah, procedendo e non retrocedendo"*.

Bisogna allora riflettere sulla portata di tale concetto unito a quanto detto in precedenza, cioè alla permeazione da parte della religione della vita sociale ed economica dei Mussulmani. Soprattutto bisogna riflettere sulla portata che tali concetti hanno su soggetti devianti e costretti alla marginalità sociale, soprattutto giovani di età.

C'è un altro dato da considerare, non solo rilevante ma in continuità con quanto si diceva sulla commistione tra religione e società come archetipo collettivo. I mussulmani non hanno un vero e proprio Clero. La figura dell'Imam non corrisponde esattamente a quella del "nostro" sacerdote, ma possiamo definirlo più un mediatore ed un interprete dei Testi Sacri.

La struttura gerarchica che "governa" la religione islamica introduce un altro aspetto molto importante per la comprensione del Mondo Arabo vale a dire quello della contrapposizione tra Sunniti e Sciiti. I mussulmani infatti si dividono in due principali, diciamo così, gruppi. I Sunniti rappresentano attualmente il 70 – 80 % della popolazione mussulmana mentre gli Sciiti il restante 30%. Qual è la differenza e perché è così importante?

Diciamo che il significato del termine "sunnita" (*Ahl al-Sunnah*), è quello di "il popolo delle tradizioni (di Maometto)", mentre il termine "sciita" è (*Shi'atu Alì*) cioè "sostenitori – politici – di Alì" cioè il genero di Maometto. Tale differenza trova origine nel 632 d.C., subito dopo la morte di Maometto, perché fu proprio allora che si produsse tale scissione. Una parte dei mussulmani, i futuri *Sunniti*, ritenevano che il futuro leader della comunità mussulmana e, conseguentemente il futuro Califfo, dovesse essere *Abu Bakr*, seguace e compagno di Maometto e studioso dell'Islam. I futuri *Sciiti*, invece ritenevano che potesse assumere il ruolo di Califfo solo un discendente di Maometto e quindi, detto incarico, doveva essere ad appannaggio esclusivo di *Alì ibn Abi Talib*, genero del Profeta, dal momento che lo stesso non aveva avuto figli maschi.

La contrapposizione tra Sunniti e Sciiti ha assunto connotazioni feroci nella Storia, anche recente, perché secondo il pensiero dei Sunniti, gli Sciiti sono nemici dell'Islam e sono considerati, in una ipotetica scala di "nemici" quasi ad un gradino più basso degli ebrei e dei cristiani. Questi ultimi sono infatti considerati miscredenti, ma gli Sciiti sono eretici perché credono nel loro Iman Alì e nei suoi discendenti.

Tale contrapposizione si ripercuote anche sul ruolo dell'Imam e del Califfo. Quest'ultimo infatti, per i Sunniti è il Capo della *Ummah* cioè della Comunità mussulmana ed è quindi una figura, diciamo così, avente valore politico per la predetta comunità, invece l'Imam è una figura religiosa, che guida la preghiera nelle moschee e si avvicina di più al nostro "sacerdote".

Per gli Sciiti, invece, vi è una maggiore commistione tra le due figure: le parole Imam e Califfo sono praticamente dei sinonimi, tanto e vero, che i dodici Imam che gli Sciiti riconoscono ufficialmente (discendenti dalla famiglia di Maometto), sono, allo stesso tempo, *leader* politici, spirituali e religiosi della *Ummah*.

Questo è il motivo per cui, per i Sunniti, gli Sciiti sono da considerare eretici.

Ed è altresì questo il motivo per cui non esiste, per entrambi un vero e proprio Clero come lo interpreta il mondo Occidentale[10] [11].

---

[10] Solo per fare qualche esempio della portata di tale separazione, si ricordi che in Iraq, per molto tempo, la maggioranza del Paese, sciita, è stata oggetto di forme di oppressione da parte del regime sunnita. Dopo la caduta del regime di Saddam Hussein nel 2003, ha però prevalso la componente sciita che si è vendicata delle oppressioni subite, perseguitando i sunniti. Come risposta all'*escalation* di violenza, i sunniti hanno posto in essere azioni militari, veri e propri attentati e attacchi suicidi e di seguito, l'esasperata contrapposizione e la conseguente guerra civile che ne è derivata, ha contribuito alla formazione di gruppi estremisti proprio come il gruppo militare dell'ISIS.

[11] In Siria, il presidente Bashar al-Assad appartiene alla minoranza sciita degli alauiti (gruppo religioso di matrice sciita); le frequenti proteste della popolazione nei suoi confronti sono state represse nella violenza, con la conseguenza dell'esplosione della guerra civile. Deve a tale proposito considerarsi che la maggior parte degli sciiti vive in quattro paesi: Pakistan, India, Iran ed Iraq. L'Iran da solo ne ospita circa 70 milioni, cioè più o meno il 40% della popolazione sciita nel mondo. I Paesi del mondo a maggioranza mussulmana sono 49; di questi gli unici Stati a maggioranza sciita sono l'Iran, l'Iraq, il Bahrain e l'Azerbaijan. Il restante panorama dei Paesi mussulmani è a maggioranza sunnita. In tali ultimi paesi, spesso, gli sciiti appartengono alle classi sociali più basse, e sono oggetto di persecuzioni. Si deve tener presente che ben 11 dei dodici Imam riconosciuti ufficialmente dagli sciiti sono stati assassinati quando i Sunniti erano al potere; per questo gli Sciiti sono rimasti nell'anonimato almeno fino al 1979, quando con la rivoluzione iraniana hanno conquistato il potere in Iran. La vittoria in Iran ha prodotto una sorta di riorganizzazione degli sciiti in partiti e gruppi militari.

Per dare un esempio concreto di come tale separazione modifichi il comportamento degli individui si pensi che in un unico caso, per i mussulmani osservanti, l'esternazione della propria fede può subire una separazione dalla vita civile; quando cioè il credente mussulmano si trova a vivere in una situazione di imminente pericolo per sé e per la fede medesima (ad esempio qualora si trovasse a vivere in una realtà ostile ove non si professa l'islamismo e vi fosse nei suoi confronti una forma di discriminazione).

In tal caso, il mussulmano può ricorrere alla *taqiya*[12] cioè la dissimulazione della fede e delle sue liturgie. Se si paragona tale atteggiamento a quello presente in altre Religioni monoteiste (ad esempio quella cattolica), per quanto concerne il disvalore collegato al "tradimento" (si

---

[12] La **taqiyya** (in **arabo**: تقية) indica, nella tradizione **islamica**, soprattutto in quella **sciita**, la possibilità di nascondere o addirittura rinnegare esteriormente la fede, di dissimulare l'adesione a un gruppo religioso, e di non praticare i riti obbligatori previsti dalla religione islamica (ad es. la *Ṣalat*) per sfuggire a una persecuzione o a un pericolo grave e imminente contro sé stessi a causa della propria fede islamica. Il fine consiste nel non destare sospetti, simulando un atteggiamento accondiscendente e non antagonista, all'interno di una comunità ostile verso il singolo credente o l'intera comunità. Il termine arabo è traducibile in italiano come paura, stare in guardia, circospezione, **timore di Dio**, santità, ambiguità o dissimulazione, menzogna.

pensi al personaggio di Giuda Iscariota o ai Martiri Cristiani che pur di non rinnegare la propria fede hanno sopportato torture e martiri), si comprende come il mondo di valori che si forma intorno alle Religioni sia distante, e, conseguentemente, come sia complesso per noi rapportarci con quello che sta alla base del mondo islamico.

Si comprende allora che la proposizione da parte di Al Baghdadi[13] della "formula" del Califfato, rappresenta una importante "intuizione": ovunque erano entrati in crisi gli Stati Arabi laici e le Repubbliche, Al Baghdadi ha riproposto una forma di governo storicamente vincente nel contesto islamico. Questo perché il Califfato, non ha solo un valore politico unitario, ma si pone come un riferimento spirituale (califfo vuol dire vicario del profeta). Califfo è un termine, nell'immaginario collettivo mussulmano, che non risponde ad un atteggiamento di rottura con la tradizione religiosa ma, al contrario, tende al recupero di un legame intimo,

---

[13] Ibrāhīm ʿAwed Ibrāhīm ʿAlī al-Badrī al-Sāmarrāʾī o semplicemente Ibrāhīm al-Badrī (Falluja, 28 luglio 1971) è un terrorista iracheno, noto universalmente col nome di battaglia di Abū Bakr al-Baghdādī, *califfo* dell'autoproclamato Stato Islamico (*ISIS*), entità non riconosciuta sorta nel giugno 2014 in alcuni territori tra l'Iraq nord-occidentale e la Siria orientale, di cui è considerato il *leader*.

profondo con la tradizione religiosa mussulmana e, soprattutto, con la pratica religiosa. In tal modo si fa leva, sia pure a livello di archetipo spirituale, sul consenso del popolo.

Il Califfato ripropone il miraggio millenario della città terrena, la Medina governata secondo l'esempio del profeta.

E' come se avesse concretizzato il "sogno" di tanti mussulmani; e, sotto tale profilo, la riproposizione del Califfato rappresenta sicuramente una "mossa vincente", che attrae obbedienza di gruppi o fazioni, dalla Nigeria fino al Pakistan. Per questo, quel movimento, si basa anche sull'inserimento annuo di circa 15.000 *foreign fighters*[14].

---

[14] Il termine significa "combattenti stranieri" (spesso definiti come volontari stranieri o in inglese foreign fighters) e indica il fenomeno dell'inserimento degli stessi tra le file dei miliziani ribelli che si oppongono alle **truppe governative siriane**. Anzi può dirsi che è un elemento caratterizzante della **guerra civile siriana** ed ha permesso che la **Siria** diventasse *"la prima mèta per i combattenti jihadisti e il più importante campo di battaglia del mondo per il jihad"* nonché il più importante *"punto di aggregazione e addestramento per i fondamentalisti islamici di altre nazioni.*

Conclusioni

Come si è visto, l'utenza di cui si parla non ha modo, nella attuale situazione, di trovare una sua dimensione credibile e per questo è più esposta di altre al reclutamento come "la manovalanza" nelle organizzazioni criminali, per esempio dedite allo spaccio di stupefacenti, oppure come autori di reati eversivi come nel caso delle forme di radicalizzazione religiosa.

Negli anni l'Amministrazione penitenziaria ha cercato, da un lato, di darsi delle regole che facilitassero l'accoglienza e la gestione di tali soggetti (vedi Circolari sul Ramadan, sull'uso di Skype per mantenere i contatti familiari ecc.), dall'altro, ha cercato di darsi dei sistemi per individuare le forme più gravi di radicalismo religioso (vedi Circolari DAP sul radicalismo religioso). Eppure, malgrado lo sforzo effettuato, sembra che qualcosa ci sfugga.

Si propone allora di fare qualche passo indietro, nella convinzione che per affrontare un fenomeno occorra prima conoscerlo.

Abbiamo visto che dall'analisi dei risultati dei questionari emerge che tali soggetti hanno una scarsissima consapevolezza del proprio vissuto. Emergono dei "pezzi", l'attaccamento alla dimensione collettiva, la lettura dei "valori" non in senso individualistico bensì in senso collettivo, che non consentono però di dire che ci sia una piena consapevolezza di sé stessi. Tale condizione è molto "pericolosa" perché, soprattutto in soggetti devianti e marginali, crea le condizioni per una rilettura "errata" del proprio sistema di valori e spesso controproducente. Si aggiunga a questo quanto ci insegna Bauman e cioè che noi viviamo in una società basata sui "consumi" nel senso che è "individuo" chi è in grado di "consumare" ed allora emerge una situazione in cui chi non è in grado, per le condizioni economiche, per la condizione di esclusione e di marginalità che vive e, per tutte le altre cause che producono emarginazione sociale (alcoolismo, tossicodipendenza, malattie mentali), di entrare a far parte di tale sistema "consumistico", al fine di trovare una ragione della propria esistenza, si rifugia in un sistema di valori "deformato" dall'ignoranza, nonché dai "cattivi profeti" e diviene vittima di un sistema che può portare ad atti violenti molto gravi e pericolosi.

Questo spiegherebbe perché quasi tutti gli attentatori dei più gravi fatti di cronaca legati all'ISIS avevano, prima di quei fatti, una "carriera criminale" di basso profilo, non di particolare gravità.

Spiega perché vittime di questo sistema sono per lo più "giovanissimi" di seconda o terza generazione, che vivono stabilmente nell'Europa Occidentale, ma che concretamente non fanno parte della società in cui vivono.

Spiega perché proprio il carcere (luogo in cui più forte è la spersonalizzazione del soggetto), sia luogo di aggregazione e di "riconoscimento" l'uno dell'altro al fine di commettere nuovi e più gravi reati.

D'altra parte, in parallelo, anche nelle nostre giovani generazioni si avverte l'assenza di processi di identificazione con simboli e sistemi di valori di tale profondità da preservare da azioni violente. Se si pensa ai pestaggi di fronte alle discoteche per futili motivi, ai reati contro le donne commessi anche in giovane età, al bullismo, alle aggressioni ai docenti, si comprende come, in generale, l'assenza di un sistema di valori di riferimento, non sia ad appannaggio esclusivo dei giovani arabi che popolano gli Istituti penitenziari.

Sotto tale profilo appare illuminante quanto ci dice ancora una volta Zygmut Bauman[15] "nella società dei consumi liquido-moderna radicata nella parte più opulenta del pianeta, non vi è più spazio per martiri ed eroi, dal momento che essa mina, denigra e si oppone a due valori che ne stimolavano la domanda e l'offerta. In primo luogo, infatti, tale società si oppone a sacrificare le soddisfazioni di oggi in vista di finalità remote e dunque ad accettare sofferenze prolungate in cambio della salvezza dopo la

---

[15] Zygmut Bauman "Vita Liquida" ed. Laterza, 2006

morte - o, per dirlo nella versione secolare, a differire le gratificazioni disponibili adesso in nome di maggiori profitti in futuro. In secondo luogo, essa pone in discussione il valore del sacrificio delle gratificazioni individuali in nome del benessere di un gruppo o di una "causa"...(*omissis*).

In sintesi, la società dei consumi liquido – moderna svilisce gli ideali del "lungo periodo" e della "totalità". In un ambiente liquido – moderno che promuove gli interessi dei consumatori e ne è sorretto, nessuno di tali ideali conserva la forza d'attrazione di un tempo, trova riscontro nell'esperienza quotidiana, è in linea con le risposte collaudate o si accorda con le intuizioni del senso comune. Al posto di quegli ideali subentrano i valori della gratificazione istantanea e della felicità individuale.

...... (*omissis*) ...... Agli assediati più avviliti e disperati restano ben poche opzioni, se non ricorrere all'argomento estremo: il sacrificio volontario della vita, nella speranza di rendere testimonianza (sia pure in modo tragicamente contorto) del valore di un modo di vivere che è stato reso impossibile e sta per essere loro sottratto per sempre.

Morire con onore appare loro l'ultima possibilità per conquistare quella dignità negata loro in vita. Queste persone sono materiale duttile nelle mani di manipolatori abili e scaltri, risoluti e spietati. E' dalle loro file che si reclutano i terroristi di oggi: versioni mutanti, e orribilmente snaturate dei martiri vecchia maniera ...".

Come si è detto in precedenza la proposizione del "Califfato", dell'opposizione all'Occidente, anche attraverso azioni criminali isolate, si pone come una soluzione attrattiva per chi non ha una identità riconosciuta e non riesce, perché individuo deviante che vive in condizione di marginalità, a "far parte" del contesto sociale in cui vive. Si tratta di una soluzione che fornisce una identità e che fa qualcosa di più: fornisce una collocazione e dà risposte a delle aspettative di vita, necessarie per ciascun individuo.

Possibili proposte

Allora che cosa si può fare?

Martin Luter King diceva che "nulla al mondo è più pericoloso dell'ignoranza". Si può partire da qui. Occorre che lo spazio ed il tempo trascorso negli Istituti di pena, diventi, in qualche modo, il luogo di recupero della propria storia, della propria collocazione nella società e del proprio ruolo come individui.

Non a caso il questionario somministrato ha messo in luce una forte esigenza di formazione e di richiesta di cultura, sia come forma per acquisire dei titoli spendibili nel mondo del lavoro, sia come istanza di conoscere e quindi di entrare a far parte, di poter condividere la medesima cultura.

Questa occasione non va persa, nel senso che una attenzione particolare al fenomeno può ridurre la condizione di marginalità e reinserire nella società persone più consapevoli di se stesse e dunque meno esposte.

Importanti e positive sono infatti tutte le iniziative esistenti nella maggior parte degli Istituti penitenziari finalizzate a far comprendere ai detenuti arabi, in particolare coloro che non padroneggiano la lingua italiana, il funzionamento dell'Istituzione (es. traduzioni in arabo degli avvisi, del regolamento interno ecc.).

Allo stesso modo sono importanti e di particolare aiuto i progetti di mediazione culturale presenti in numerosissimi istituti.

Ma riteniamo che si possa fare qualcosa di più.

Si dovrebbe poter pensare a momenti di incontro e di scambio culturale sistematici.

Immaginiamo una programmazione delle attività trattamentali, magari in una Casa di Reclusione, che tenga conto a 360 gradi della presenza di stranieri e che quindi proponga a livello sperimentale, attività che includano la trattazione dei medesimi argomenti visti da punti differenti a seconda della formazione culturale, che proponga corsi in cui si parla della storia delle religioni, che preveda momenti di confronto legati alla lingua, alle abitudini alla letteratura ecc.

Forse, non ne siamo sicuri, da quell'Istituto uscirebbero persone più consapevoli, che hanno avuto il tempo di recuperare il proprio vissuto e che non si sentirebbero abbandonati al loro destino.

Ministero della Giustizia

DIPARTIMENTO AMMINISTRAZIONE PENITENZIARIA
CASA CIRCONDARIALE DELLA SPEZIA

AUTORIZZO IL DOTT. ROBERTO SERRANA, PSICOLOGO EX ART. 80 O.P. ALLA SOMMINISTRAZIONE DEL QUESTIONARIO CON FINALITA' TRATTAMENTALI E DI RICERCA CHE MI E' STATO PROPOSTO.

SONO CONSAPEVOLE CHE DETTO QUESTIONARIO E' ANONIMO.

NOME E COGNOME ....

IL DIRETTORE
Dott.ssa Maria Cristina BIGI
FIRMA...

150

EmmeEmmePo
Edizioni

ISBN 978-0-244-97437-4

www.ingramcontent.com/pod-product-compliance
Lightning Source LLC
Chambersburg PA
CBHW060519290526
45791CB00001B/449